Tack till sköterskorna på förlossningen och BB i Borås, 26:e – 29:e maj 2018.

Magnus Strandberg

Mina 78 tankesätt för ett bättre liv

Hur får man allting att fungera?

Förlag: BoD – Books on Demand, Stockholm, Sverige
Tryck: BoD – Books on Demand, Norderstedt, Tyskland

ISBN: 978-91-8057-600-0

FÖRORD

Ekorrhjulet.

Hur får man allt att gå ihop. Kan det ens gå ihop? Eller är det bara en illusion skapad av oss för att vi vill drömma.

Drömma om något annat.

Det är ok att din falukorv blir lite bränd den där sena tisdagseftermiddagen i slutet på september. När ditt/dina barn är övertrötta efter att ha sovit dåligt och busat hela dagen på förskolan. Du vet, när de har sagt "ja" till falukorv i bilen på väg hem. Men när maten är klar, inte alls vill äta det.

Ja, det där ekorrhjulet.

Hur får man allt att gå ihop?

Vad innebär det egentligen att allt ska gå ihop, vad händer då?

Kanske ska vi bara se allting för vad det är och låta det vara så. Vissa saker ska man nog bara låta bli och acceptera att det är som det är, att inte försöka forma det till något du själv vill ha och trivs i.

Eller, är det fel?

Du förstår att vardagen för oss alla är faktiskt ganska likvärdig. Det innehåller i mångt och mycket samma delar. Alla köar till parkeringen på förskolan och ser tiden rinna i väg. Ser hur sin planering för arbetsdagen helt vänds upp och ner.

Utan att kunna göra något åt det.

Vad är nu detta Magnus? Ännu en bok om självhjälp?

Jag ser det inte så.

Det här är mitt sätt att dela med mig av lärdomar från det vi kallar livet. Vi går alla igenom en mängd olika tuffa saker i livet och vi hanterar det på olika sätt.

Beroende på situation så agerar vi. Många gånger direkt, andra gånger efteråt.

Jag är en helt vanlig kille, i en helt vanlig stad, med ett helt vanligt liv och med helt vanliga utmaningar. Men med en ovanlig approach.

Jag brukar säga att gör dig av med det som inte passar dig. Det som drar energi ur dig i stället för att fylla på. Gör slut med de relationer som inte ger dig något - varför ska du spendera tid på något som i slutändan ändå gör att du inte får ut något av det?

Du kommer bara bli besviken och förvandlas till en person som du inte vill vara.

Vi har begränsat med tid. Vi lever ett kort liv.

Jag trodde länge att jag inte skulle leva ett kort liv, utan att jag hade tid över och kunde bekymra mig om olika saker senare. Att jag kunde skjuta upp saker till sen. Ni vet, som man gör.

26 maj 2018 föddes vår son. Personalen var tvungna att sätta i gång hjärta och andning på honom. Jag minns såväl när han "kom ut" - inget skrik, inga rörelser. Jag frös. Hans fantastiska mamma såg det, men jag försäkrade att allting var i sin ordning.

En ren lögn.

Barnmorskor, sköterskor och andra ur personalen sprang in med vår son till akutrummet och en av de ropade - pappan följer med.

När jag kom in till akutrummet jämte förlossningsrummet, så var det full fart. Defibrillator i gång. Det hjälpte.

Han skrek för första gången. Vi sprang med honom till hans mamma så hon skulle få se honom, få lägga och känna honom mot bröstet. En kort stund, sedan skulle hon i väg på akutoperation.

Jag fick ha min son under de första tre timmarna av hans liv. Inlindad i filtar, snaskandes på pappas lillfinger för att fingera tutte. Apelsinjuice från personalen. Värme och kärlek från mig.

Allt jag hade.

Där lovade jag min son och mig själv - nu är det fokus på att göra bra saker och att göra dessa på rätt sätt. Hur det nu skulle se ut.

Den här boken är ett resultat av den resan jag gjort tidigare i mitt liv som lett mig fram till där jag är idag. Men också från den dagen i slutet av maj 2018 och fram till idag, och framåt.

Ett brutalt uppvaknande om att vi bara har ett liv. Ett. Om vi får det.

Därför bör vi fylla det med så mycket som möjligt av det som vi vill ha. Vi bör dela med oss av våra kunskaper och erfarenheter till andra - vem vet, kanske någon har användning av det du delar med dig av. Då är det värt det.

När jag börjar skriva den här boken är det i slutet av sommaren 2023, september. Jag är färdig i december.

En resa, om än kort i tid men längre och snårigare i skapandet.

Jag har gjort en resa de sista 20 åren som har inneburit en helomvändning i mitt sätt att se på saker och hur jag frontar dessa.

Något som jag tycker är viktigt, det är att du aktivt säger nej till saker och framför allt personer som dränerar dig.

Som inte delar dina värderingar och som inte tar dig framåt. Som inte ser ditt värde.

Det är bättre för dig, i ett längre perspektiv, att lämna det och de som inte ger dig det du behöver för ett hållbart liv för dig själv.

Kom ihåg - du har fått ett liv. Lev det.

Magnus

1.

*Du äger dina egna tankar, ta kontroll över dem. Om DU inte gör det
så kommer någon att ta den makten över dig. Det enda sättet för dig
att vara du, att vara fri - det är att du har kontroll över dina tankar.*

Allt som händer oss en dag ligger kvar hos oss i vår hjärna, i
våra sinnen. När du ska sova för kvällen/natten så försöker
hjärnan koppla ner och rensa ut bland alla dina intryck.
Därför ligger du vaken ibland på nätterna och inte kan sova.

Jag gick ett antal yoga-lektioner hos Marie Thimour i Borås.
Hon var då (är fortfarande?) Sveriges enda certifierade
yogaterapeut, som är utbildad vid Indiens äldsta institut för
utbildning och forskning inom Yoga - Kaivayadharma. Det
gav mig en mängd verktyg som jag inte hade hittat annars,
och dessa verktyg hjälpte mig då att landa i situationer och se
på allt med andra ögon. Se objektivt på saker.

Yogapass planerar jag in för mig själv varje kväll ca en timme
innan jag ska sova. På så sätt ger jag mig möjligheten att
släppa dagens erfarenheter och upplevelser och landa i en
lugn miljö innan jag lägger mig i sängen. För mig är det
oerhört effektivt, lugnande, avstressande och utvecklande.

Det lärde mig att ta hand om mina tankar och sortera dem i
"lärdomar", "slänga" och "bearbeta". På så sätt skapar jag
mig en bild av det som hänt och händer. För att kunna
hantera det på ett bra sätt och senare gå vidare. Det ger mig
också den insikt jag behöver för att säga nej till personer
som "står i vägen" för mig och mitt liv, på ett bra sätt.

Ta hand om dina tankar.

2.

Var medveten och förstå att alla inte kommer gilla dig. Det är bara så det är, och det är en del av livet. Men det är också det som tar dig framåt på så sätt att du blir tvungen att själv avgöra vilka du gillar och som du vill vara i närheten av.

Om du tror, och du jagar efter att alla ska gilla dig, applådera alla dina framsteg och kratta vägen för dig så kommer du bli oerhört besviken.

Varje gång.

För att du ska kunna landa i att själv välja och välja bort, så behöver du hitta det du vill göra och vad som är viktigt för dig.

Det är svårt men samtidigt en nödvändig resa och process för dig att gå igenom.

När du har hittat det, för det kommer du att göra, så blir det enklare för dig att ta beslut.

Det kommer bli en kompass för dig i ditt liv som du kan använda dig av vid många tillfällen.

På jobbet och i privatlivet.

Du har möjligheten att fylla ditt liv med det du vill.

Det som ger dig den där energin.

Den du behöver för att vara en fin make/maka, mamma/pappa, vän/kamrat och kanske syskon.

Då bör du inte låta personer som inte ger dig bra energi få inflytande över dig.

Det ger dig inte det du behöver.

Alla kommer inte gilla dig.

Men du måste inte gilla alla.

Bestäm själv vilka du vill vara i närheten av.

3.

Välj personer som du omger dig med noga. För de påverkar dig mycket mer än du tror. Umgås med personer som delar dina värderingar, som tar emot dig när du behöver och som du kan anförtro dig till.

Det här är sant, så oerhört sant. Därför är det så viktigt att du hittar din självkänsla och att du kan bygga ditt självförtroende på ett hållbart sätt.

Du kommer träffa mängder av personer i ditt liv som inget hellre vill än att se dig misslyckas med det du tar dig an.

Inte av ren ondska, utan för att dessa personer är där själva.

De kan inte se någon annan lyckas med sina mål och drömmar för då mår de ännu sämre själva,

Det är ett sätt för de att självläkas, att få ett uns av egen stolthet och känna att "jag är inte så dum".

För dig är det viktigt att du inser det. Du behöver därför bygga både ditt självförtroende och din självkänsla så du kan stå så stadigt du bara kan vid så många utmaningar som möjligt.

Jag har ibland lyckats med det, jag har ibland misslyckats med det.

Därför vet jag att det är viktigt för dig att förstå det.

Att inse det och aktivt välja det som är bra.

4.

Berätta inte alla dina planer för alla runt dig.

Håll dina hemligheter för en liten del av dina vänner.

Världen är full av personer som vill se dig misslyckas.

Varför ska du ge bränslet de behöver för att se till så att du verkligen misslyckas?

Välj personer du anförtror dig åt med stor omsorg.

Lär känna personerna först och se hur de är mot dig, mot andra och mot sig själva.

Du kan inte räkna med att alla människor är goda.

Ibland inte ens de som står dig allra närmast.

Jag minns ett tillfälle när jag berättade för en person i min närhet att jag hade skrivit en sång, en låt och ville framföra den. Jag var 10 år.

Jag märkte, när jag sjöng den, att det småskrattades.

Då var jag ung och förstod att jag var intresserad av det skrivna ordet och av musik.

Men det var något jag inte prioriterade efter det. För jag kunde ju inte, eller hur?

Eller varför blev inte mottagandet annorlunda?

Jag tänker ibland om jag hade mötts av en annan reaktion då, vad hade det gjort med mig och mitt självförtroende?

Hur hade det påverkat mig när jag senare i livet sökte efter min identitet?

5.

Var den du är. Men var snäll.

Kom ihåg att det faktiskt är bättre att en del personer ser snett på dig för att du är du.

I stället för att du ska vara någon annan.

Att vara snäll är en dygd.

Det har du säkert hört till leda men tänk efter - visst är det rätt skönt när man gör bra saker för någon annan?

Jag tycker det är viktigt att vara snäll.

Men när du är snäll så exponerar du dig också för andra personer.

Du gör dig öppen för andra att utnyttja dig.

Du kommer bli drabbad av det på arbetsplatsen eller i privatlivet.

När du blir utnyttjad av andra så går du också vilse i dig själv.

Du blir förvirrad.

Risken är stor att du då tar märkliga beslut, gör irrationella saker och därmed blottar dig än mer.

Så var beredd på att du kommer bli utnyttjad när du är dig själv.

Men var dig själv och var snäll.

6.

Spendera inte tid med personer som får dig att känna dig ensam.

Det är inte värt att vara i den miljön för dig och din utveckling.

Att vistas i en miljö där du inte blir sedd, inte får vara en naturlig del av sammanhanget är oerhört krävande för din mentala hälsa och din styrka.

Du kommer ta stryk av det, och du kommer att må oerhört dåligt som ett direkt resultat.

Min erfarenhet säger mig att det är bättre för dig att söka något annat, att byta ut de sociala kontakter du har som får dig att känna dig ensam och inte uppskattad.

Det är värt det för dig att lämna t ex en arbetsplats som får dig att känna detta.

Du kommer hitta en plats som är bättre för dig.

Kom ihåg din vision och vad du vill ha ut av livet - vill du spendera tid som är dyrbar på att inte vara inkluderad? Tror inte det.

Men var snäll.

Lämna inte någon eller något i aggression eller affekt.

Använd den styrka du har som har fått dig att inse detta och använd det till att ta klivet vidare.

Känslan du kommer få när du signat ett nytt jobb till exempel och ska säga upp din nuvarande anställning är priceless.

Jag lovar dig.

7.

Ditt liv är ditt. Din grannes liv är hens. Jämför inte andra med dig själv - för du vet inte hur deras liv har varit som tagit dem hit. Precis som de inte vet hur ditt liv har varit som tagit dig dit du är idag. Se bortom det yttre.

Jag möter inte en enda människa idag med fördom, förutfattade meningar. Jag har träffat personer som jag vet har gjort oerhört dåliga saker i sina liv, som varit omskrivna i media, på nätforum och annat. Min approach är att du får visa mig att du inte är värd min tid, min respekt och mitt sällskap.

Jag accepterar mycket men är även tydlig när jag sätter gränsen. Då är det liksom stopp, slut. Il finito.

Den approachen har gett mig möjligheter och mycket positivt. Eller som en ledarskapscoach gav mig feedback på under ett kaffe-samtal - *du har en modern, social och accepterande inställning Magnus. Du ser verkligheten för vad den är, du dömer inte och du förbjuder inte. Jag avundas det och ditt ledarskap.*

Den approachen har gjort att jag fått träffa riksdagspolitiker och tjänstemän, företagsledare, kända idrottspersoner och andra personer som på olika sätt är inspirerande.

Men det är också svårt.

Man blir utnyttjad ibland men det tycker jag man kan ta.

För mig har det inneburit att jag varit på platser jag aldrig skulle komma till annars.

Fått träffa personer jag aldrig skulle träffat tidigare.

Jag har ingen aning om hur ditt liv har varit innan vi träffats, ej heller hur din dag började. Varför ska jag då döma dig?

Döm inte. Men glöm inte heller.

8.

Ingen kommer att visa vägen för dig i livet.

Det är bara du som vet var du ska, hur du ska dit och varför du vill dit.

Ta reda på det.

Gör du det tidigt i livet så får du en lugnare inre miljö som växer dig inifrån och ut.

Hitta ditt Why!

Det är viktigt för dig, för att få ett liv som du mår bra av, att hitta din väg.

Dina varför och dina mål.

Det är ingen som kommer hålla dig hårt i handen och leda dig framåt på en ljust upplyst väg och öppna dörren det står "din väg" på.

Det låter hårt, men du behöver inse det för när du inser det så kommer det bli lättare för dig att tackla livet.

Det är uppfriskande att söka, men har du inte förstått vart du ska, vilka mål du har så blir du bara vilsen.

Försök hela tiden veta dina intressen, det som ger dig energi.

Ha koll på din kompass. Din riktning.

Ut och sök, men vet ditt mål.

9.

Var försiktig med den tid du har fått.

Bestäm dig för vad du vill lägga den på och varför.

Alla är inte värda din tid så lär dig att prioritera efter det som är viktigt för dig.

Idag är vår omvärld fylld av hat.

Det gör att det är viktigare än någonsin att veta vad du vill lägga din tid på.

Vem du vill spendera den med.

Vad du vill jobba med och varför.

Tiden är ändlig, så också du.

Var rädd om det.

10.

Bry dig så lite du kan om vad andra tänker om dig. Det är inte ditt ansvar. Släpp det, fortsätt på din väg.

Det här har du redan hört.

Det är också svårt att göra det.

Men den befrielsen du kommer känna när du fullt ut skiter i vad personerna runt dig tänker om dig och i stället omfamnar de som tror på dig - den är enorm.

Ge en "high-five" till de som omfamnar dig.

Men visa alla att du inte är en dålig människa.

Gör dina val med stil.

Finess.

Men gör valen.

Och när du gör dem, bry dig inte om vad de andra tänker om dig då.

Glöm inte ta ansvar för dig själv.

11.

Glöm inte att spendera tid för dig själv. Med dig själv.

Det är ett utmärkt sätt att inventera dig själv och hålla fast vid din kompass.

Att förstå hur du mår.

Varför du mår så.

Och hur du vill må. Om du inte mår som du vill.

Men också ett sätt att förstå dina åtaganden.

Ur ett annat perspektiv.

Vänd ut och in på ditt inre.

Titta på det som du vanligtvis inte ser.

Det som styr dig. Det som påverkar dig.

Ditt förflutna.

Förstå det.

Gör upp med det.

Med dig själv.

För dig själv.

12.

Se andra för det de är, det de visar dig att de är. Inte för det de säger.

Som en tvist på nummer 7.

Låt andra visa dig vilka de är och hur de är.

Det är bättre än att du ska lägga energi och tid på att försöka bevisa för dig själv hur de är.

Låt de såra dig lite genom att visa dig vilka de är.

Det ger dig mindre ont och mindre besvikelse än att du ska måla upp något de inte är och sedan falla igenom.

Det är bättre.

För då har du ju en anledning till att säga nej tack, eller hur?

Låt de förtjäna dig.

Inte tvärtom.

Blir den där afterworken inte av som ni har bestämt att ni skulle göra återkommande.

Tjata då inte.

Förstå signalen.

Låt inte det som du söker efter förblinda dig.

Människor på vägen kommer göra allt för att visa dig deras väg.

Men det är inte din. Den passar inte dig.

Den passar dem.

Se andra för det de är. Och det de gör.

Inte för vad de säger.

13.

Var dig själv, lev livet i din takt. Undvik att vara någon annan.

Svårt, men också uppfriskande.

Hitta din drivkraft, dina guider och dina intressen.

Om du levt dina tonår och dina första tjugo år utan riktning och bara "hängt med" så kommer du vakna en dag och känna att du måste ta igen allting.

Risken är då att du ökar ditt tempo och hela tiden strävar mot nya korta belöningar, det vill säga korta kickar.

Ungefär som du gjorde under dina tonår, fast i vuxen form.

Återkommer till ett underliggande tema - bygg dig själv stark och trygg nog att veta vad du vill göra.

Då behöver du inte stressa, eller försöka imponera.

Var dig själv!

14.

Du har allting du behöver, lägg ingen energi på avundsjuka.

Förstå mig rätt här - ha kvar dina drömmar.

Du vet "det där vill jag ha".

Men förväxla inte det med att avundas någon annan och vad denne har.

Titta runt dig och ditt liv.

Du kommer se att du minsann har en hel del som är oerhört värdefullt.

Både i monetär mening och känslomässig mening.

De båda är viktiga i livet men de har olika innebörder.

Det monetära tar dig bara så långt, medan det som är närmare dina känslor är grunden till att kunna njuta av livet.

Var glad helt enkelt.

15.

Om du berättar sanningen så behöver du inte komma ihåg någonting.
(Lånat.)

Lögner kräver att du kommer ihåg vad du sa för att kunna upprepa det och utveckla det.

Så om du inte har några lögner så behöver du inte ägna energi och tid åt att komma ihåg dessa oväsentliga saker.

Fast riktigt så enkelt är det ju inte.

Lögner gör dig bara mer osäker i dig själ.

Eftersom du målar upp en bild och en fasad av något som inte överensstämmer med ditt riktiga jag.

Med ditt du.

Ljug inte.

Var hellre tyst i så fall.

16.

Nej, livet är inte rättvist.

Hur hårt det än låter så är livet orättvist.

Saker kommer "kastas" mot dig.

Personer kommer utnyttja dig.

Du kommer känna dig orättvist behandlad.

Men helt ärligt, livet är väl ändå ganska bra ändå?

Utan det som händer dig så utvecklas du ju inte.

Du skulle stå kvar i en tråkig vardag som inte lär dig nya saker, inte utvecklar dig och inte tar dig till nya platser.

Jag tycker att livet är värt att levas.

Tack vare utmaningar och elaka personer.

För det livet ger dig mer, stärker dig.

Det andra gör mot dig, utvecklar dig.

Låt inte den där känslan av orättvisa komma åt dig och styra dig.

Det ger ingenting, vare sig för dig själv eller någon i din omgivning.

Utveckla dig.

17.

Var modig, ta risker. Det är endast då du uppnår dina mål och drömmar.

Jag tog en risk och lämnade min hemstad, och jag fick ett bättre liv.

Det var målet med den förändringen, att bygga något bättre för mig själv.

Det jag har fått tillbaka för att jag tog den risken, det kan jag inte beskriva i ord. Det går inte att mäta eller beskriva.

Tar du risker så utsätter du dig för risker. Så är det. Men du kommer inte dö, inte heller bli hemlös. Kom bara ihåg att vara snäll på vägen.

Du kan, och bör också i de flesta fall, göra någon form av analys över vad ditt risktagande kan innebära. Men det får inte stoppa dig. Självklart ska du inte bryta mot lagen, eller för den delen bete dig svinaktigt mot någon annan.

Jag har en kollega som hade valet att lämna Ukraina när kriget bröt ut. Men hen valde att stanna. En gång i veckan har det globala teamet ett möte. Man ser att hen njuter av livet, att hen är närvarande. Glad, bjuder på sig själv och är orädd. Stor envy från mig på det.

Det är en risk som många inte kommer behöva utsätta sig för.

Så vad är du rädd för?

18.

Om du inte faller ihop och misslyckas ibland så rör du dig bara - du tar dig inte framåt.

Livet handlar om att utvecklas och att uppleva.

Men med det kommer också att misslyckas och falla ihop.

Det hör till och det måste vara så.

Att testa nya saker innebär att du kommer misslyckas med en del av det i början.

Det är en del av läroprocessen i det hela.

Men du ska inte falla igenom - det är helt olika saker.

När du lär dig nya saker så exponerar du dig också för situationer som är nya för dig.

Det innebär också att du kommer ta fel beslut.

Du kommer få göra om vissa saker.

Det är det som är att lära.

Prova, testa.

Ibland lyckas, ibland misslyckas.

19.

Förstör inte det du har genom att längta efter det du inte har
(Epikuros)

Blanda inte ihop denna med att ha drömmar, visioner och mål om vad du vill uppnå i ditt liv.

Denna syftar till att få dig att vara tacksam över det du har idag, oavsett vad det är.

Embrace it, njut av det och känn vilken enorm betydelse det har för dig i ditt liv där du är just nu.

Kan du landa tryggt i att du är glad, tacksam och stolt för det du har och hur långt du har kommit så lägger du också grunden till en enorm framtid för dig själv och de i din närhet.

Så här - är du där så behöver du inte ha ångesten för att du inte är tillräcklig och inte duger.

Då har du i stället accepterat att du är där du är och vet också på ett djupare plan, var du vill vara och vart du ska.

De dörrar som då öppnas för dig är så mycket mer värdefulla än om du inte landat i den känslan.

Det blir lättare för dig att välja, att staka ut den väg som du innerst inne verkligen vill in på.

Det lit också lättare för dig att välja personer som du vill ha med dig på den resan framåt.

Ta vara på ditt nu!

20.

Gör ditt bästa och det du kan med det du har och där du är.

Ett bra sätt för dig att utveckla dig och växa som person och individ, det är att utgå från det du har.

Har du insett att du vill byta arbete så kanske du ska gå en kurs på deltid i något som du vill jobba med.

På någon av yrkeshögskolorna är utbildningarna dessutom studiestödsberättigande. Du kan alltså gå en gratis utbildning och få studiestöd för det.,

Utbildningen är troligen förlagd på kvällstid alternativt väldigt få timmar per vecka under dagtid - enkelt att kombinera med jobbet.

Det är unikt för Sverige. Redan där har du ett hjälpmedel som innebär att du kan åstadkomma en förändring i livet med endast några få timmar som insats.

Min erfarenhet säger mig att för att åstadkomma en förändring, behöver du bara göra något på ett lite annorlunda sätt.

Ta någon form av action och se att det händer något positivt som inte skulle hänt annars.

Du kan mer än du tror, du behöver bara ge dig själv möjligheten till det.

Gå ut och gör ditt bästa.

21.

Ett stilla hav ger inga skickliga sjömän (Afrikanskt ordspråk)

Så är det.

Utan utmaningar, inga lärdomar.

Utan lärdomar, ingen utveckling.

Utan utveckling, inga upplevelser.

Utan upplevelser, ett fattigare liv.

Att inte få känna på motgångar och livets svårigheter gör inte livet till en behaglig resa.

Det gör det bara svårare och mer ensammare för dig att möta saker som förr eller senare kommer mot dig. För det gör det.

Att få kämpa och slita lite för det du vill ha gör dig bara gott.

Att du utsätter dig för nya utmaningar som trotsar dina rädslor kommer bara stärka dig. Det kommer kännas obehagligt och ensamt i stunden men när det är över så är du en mycket starkare individ och person.

Att anta utmaningar, att utveckla dig själv och utmana dig själv kan inte ta dig bakåt i livet.

Bara framåt.

Det som tar dig framåt utvecklar också dig.

Det som utvecklar dig, stärker dig.

Det som stärker dig, ger dig mod.

Det som ger dig mod, ger dig styrka och självförtroende.

Det ger dig ett bättre liv.

Så, ge dig ut på de stormiga haven.

Glöm inte flytvästen bara.

22.

Tiden kommer utvisa vad du verkligen betyder för andra människor.

Du kommer omge dig med många människor under din livstid, både privat och i arbetet.

Men alla kommer inte vara dina vänner, dina riktigt nära vänner.

Du vet de där personerna du kan ringa till eller sticka hem till på en kaffe när du behöver ett förtroligt samtal.

Väldigt nära vänner är de som värdesätter din tid och ditt sällskap utan motkrav.

Personerna som hänger med på en middag utan planering, som gärna tar en löprunda med dig i spöregnet i september.

Som gärna besöker dig trots att det kanske är ett par timmars resväg enkel väg.

Dessa personer är din kärna och dessa ska du vara rädd om.

Dessa personer kommer vara de som står bakom och bredvid dig när du ska testa nya affärsidéer, byta jobb eller göra något annat utmanande i livet.

Dessa personer är de som guidar dig, pushar dig, ifrågasätter dig och ställer upp på dig.

Oavsett vad.

Du behöver inte köpa något för att passa in hos de, du behöver inte spela en roll för att de ska tycka om ditt sällskap.

Dessa personer står för genuin vänskap.

Var rädd om dem!

23.

Om någon försöker få dig att må dåligt, så är det för att personen vill ha ditt sällskap där på botten.

Alla kommer vi någon gång råka ut för det. Att någon annan gör saker mot dig enbart för att du ska må dåligt.

Men det är inte dig det är fel på. Inte på något som du har gjort.

Den personen som försöker få dig att må dåligt mår i botten så oerhört dåligt själv.

Den vet inte hur den ska kanalisera sin egen situation så den vänder det utåt och ett sätt för dessa personer att må lite bättre, för stunden, det är att rikta det mot en annan person.

Det får hen att känna sig som en bättre människa - för hen är ju inte själv på botten då.

Men slå ifrån dig det.

Ett bra sätt att tänka om du upplever att en annan person försöker få dig att må dåligt är att fråga dig själv om det som personen säger är;

- rimligt?
- stämmer allting som sägs?
- ligger det något annat bakom orden?

Jag kan lova dig att du kommer att stöta på det här fenomenet flera gånger i ditt liv. I privatlivet och på arbetsplatsen.

Försök identifiera olika roller som du kan ta på dig vid olika situationer.

Utgå från hur du vill att situationen ska bli och anpassa ditt agerande så att det leder dig dit.

Låt inte någon annan få dig att må dåligt.

24.

De flesta människor du möter har fördomar om dig, på gott och ont.

Så är det bara.

Det ligger i människans natur att försöka kategorisera, analysera och förstå sin omgivning, även medmänniskor.

Enklaste sättet att göra det är genom att ha förutfattade meningar och fördomar om andra människor.

Men det är också det fattigaste sättet för en människa att möta en annan.

Vänd på situationen.

Om du vid ditt möte med en person första gången utgår från att personen är på ett visst sätt, agerar på ett visst sätt och kanske inte är "lika smart som du" - hur tror du att du automatiskt agerar mot den personen?

Du kommer inte möta personen med en öppen famn.

Du möter denne med förutfattade meningar om att hen är på ett visst sätt.

Ett sådant sätt gör bara att du missar många möjligheter i livet.

Var beredd på att andra personer har fördomar om dig.

Jag utgår ifrån att alla människor är goda.

På så sätt så får personerna bevisa för mig att man inte är värd min vänskap, sällskap och annat.

Det känns bättre så - att låta någon visa dig att den inte är en person du vill spendera tid med.

Då kan du säga nej tack och gå vidare på ett hedervärt sätt.

25.

Ödmjukhet är allt.

Oavsett hur framgångsrik och lyckad du är, ingen person uppskattar arrogans och dryghet.

Att vara ödmjuk är enkelt att säga, men att verkligen vara det fullt ut i dina handlingar, tankar och intentioner är oerhört svårt.

Du kan heller inte fejka det, det syns rakt igenom.

Att vara ödmjuk handlar om att vara genuin.

Är du genuin behöver du inte agera på annat sätt.

Därför tycker jag att det är viktigt för dig att sikta på det. Når du tio procent av hundra så är det tusen gånger bättre än innan.

Intressera dig genuint för andra människor.

Fråga för att förstå och lära dig. Inte av artighet.

Så, var ödmjuk.

26.

Be aldrig om ursäkt för att du är artig och har ett gott hjärta mot andra. Alla goda ting kommer tillbaka till dig tusenfalt.

Jag själv har fått höra, i negativ feedback att "du är för artig."

Den feedbacken syftade troligen till att man ska vara tuffare, mer "ångvält" när man leder.

Enligt det traditionella ledarskapet.

Men ett modernt ledarskap har inga behov av att själv, som ledare, framstå bättre än någon annan.

Är du artig mot en annan människa så uppfattar den personen dig som mer intelligent.

Och uppfattas du som intelligent, då blir du sedd med en annan respekt.

Man bemöter dig annorlunda och du får en behagligare tillvaro.

Det är min erfarenhet.

Men som sagt, du riskerar också att bli utnyttjad.

Att andra ser dig som svag om du hjälper andra och inte framhäver dig själv. Men du kan göra båda.

Det vill säga att vara artig och framhäva dig själv, på ett ödmjukt sätt.

Visa ett gott hjärta, var artig och var stolt över det.

27.

Gör dig själv en tjänst - bli rik! Livet blir enklare med pengar, inte tid.

Jag själv skulle vilja säga tvärtom.

Men det här är den bistra sanningen.

Med pengar blir ditt liv enklare. Så är det.

Inte för att du kan köpa allt du villa ha.

Utan för att du inte behöver bekymra dig.

Har du pengar, då vet du att du kan betala allting även om något oväntat inträffar.

Tid får du på köpet med pengar.

Om du har så mycket pengar att du inte behöver jobba (i alla fall inte mycket och inte hårt) så får du ju tid över till annat.

Tid.

Så det är en stark anledning för dig att hitta ditt sätt att bli rik.

Så jaga inte tid, jaga pengar.

Men var snäll på vägen, ok?

28.

Du behöver inte vinna alla diskussioner och ha rätt hela tiden. Det är ok att vara oense.

Att tycka olika är det viktigaste vi människor har.

Vad skulle hända om vi alla tyckte lika?

Inga skillnader, inga utmaningar, inga unika egenskaper.

Var trygg i dina åsikter och tyckanden.

Men var också ödmjuk *(se No 25)*.

Att vara intresserad för en annan persons åsikter, erfarenheter och tyckanden är en värdefull egenskap.

Det ger dig värdefulla och meningsfulla relationer, diskussioner och insikter.

Lär dig av andras åsikter.

Lär dig av andras egenskaper och erfarenheter.

Diskutera med god ton och acceptera varandras olikheter.

Kom ihåg att diskussioner är till för att ni ska ta er framåt.

Utan diskussioner står ni stilla eller går bakåt

Ta lärdom, krama om diskussionen och ta till dig andras insikter.

Det växer dig.

Det berikar dig.

Det ger dig näring till att fortsätta utvecklas och upptäcka.

Välj de diskussioner du ska vinna i stället.

Välj de med omsorg.

Välj de utifrån dina perspektiv.

Välj de för att de betyder mer för dig.

Var oense.

29.

Var inte rädd för att prova något nytt.

Alla stora vinster kommer av att du provar att göra något du inte gjort förut.

Eller att du gör något på ett lite annorlunda sätt.

Den som flög ett flygplan första gången, Otto Lilienthal år 1891 med glidflygplan (utan motor), gjorde något som ingen annan hade gjort tidigare.

Säkert var det många innan honom som pratat om det, men inte gjort det.

Otto gjorde något åt det. och blev för alltid ihågkommen för sin prestation. För att han provade något nytt.

Jag tror att han var rätt nöjd med det, där och då.

Att prova något nytt kan också vara av lite lättare karaktär som t ex att byta klädstil, byta frisyr eller prova ett helt okänt resmål till semestern.

Det är du som kan avgöra vad du vill prova.

Tänk lite annorlunda jämfört med dina vanliga tankemönster och vanor.

Bryt mönstret, bryt rutinen.

Känn då hur du blir uppfylld av lycka.

Men var inte rädd.

Otto var inte rädd.

30.

Ångra inget, se det som lärdomar.

Du har fått ett liv.

Vill du ta den värdefulla tiden till att fundera på och ångra saker?

I stället kan du tänka igenom det som hänt och hitta saker i det som du kan lära dig utav.

Lärdomar lär dig hantera situationer bättre.

Lärdomar stärker dig.

Ånger gör dig orolig.

Ånger gör dig stressad.

Lärdomar lugnar dig.

Lärdomar utvecklar dig.

Tänk på den stunden när du gjorde något som du djupt ångrade.

Har den situationen lett till negativa följder?

Dra då lärdom av det.

Om inte, varför lägga tid och energi på att tänka på det.

En dag kommer du dö, det vet du.

Är det inte bättre att njuta av resan framför dig?

I stället för att ångra dig, vara orolig och stressad över saker du troligen inte kan påverka ändå?

Ångra inget, men var snäll och ödmjuk.

Ok?

31.

Inga bekymmer, acceptera och gå vidare i stället.

Alla får vi olika prövningar i livet, och dessa kan ge följdeffekter.

Men om du kan acceptera att det har hänt och i stället förstå hur du kan hantera det, då är det enklare att gå vidare.

Du kommer då också få nya insikter och du kommer stärka din självkänsla som i slutändan ger dig ett stabilare självförtroende.

Du har rätt att sörja, tycka synd om dig själv.

Till viss del behöver du det.

Men acceptera det som inträffat.

"Ok, nu är det så här. Hur kan jag ta med mig lärdomarna och gå vidare?"

Jag tror att nyckeln för dig ligger i den insikten.

Du kommer då stärka dig själv.

Och bli starkare inför nästa utmaning.

Acceptera, dra lärdom.

Gå vidare.

32.

Förvänta dig inget, var tacksam för det som kommer till dig i stället.

Att förvänta dig att saker ska hända kommer i de allra flesta fall bara göra dig besviken.

T ex om du förväntar dig en lönehöjning på 2000 kr, men i själva verket få 750 kr - hur kommer du känna dig då?

Det är bättre att angripa dina förväntningar genom att i stället tänka att "jag vill göra mitt bästa, sen får jag se vad nästa steg blir."

På så sätt blir du inte besviken när du inte får det du hade förväntat dig.

Det är sällan man får det man förväntar sig.

Gör alltid ditt bästa, då kommer saker att komma till dig.

Var då tacksam i stället, det känns bättre.

Då kan du njuta av det du fått och den belöning som kommit.

Det blir också mer givande för dig då du kommer fortsätta på det spåret.

Du kommer göra gott utan att tänka på det.

Även de små sakerna ger dig något tillbaka.

Ibland, känslan av att ha gjort något som underlättat för någon annan.

Ibland, en oväntad belöning som gör dig genuint glad.

Var tacksam över det du får.

33.

Om du behåller ditt lugn, behåller du även förmågan att tänka klart.

Genom att du står stabilt, är trygg i dina olika åsikter och ståndpunkter så kommer du också tänka klart när du som mest behöver det.

Att undvika stress gör att du ger din hjärna och din kropp det den behöver för att möta faran som uppstår.

En viss nivå av höjd stress och adrenalin får vi alltid vid alla händelser, men genom att träna dig i att vara trygg i dig själv gör att du kan hantera dessa situationer mer konstruktivt.

Att inte agera i affekt för dig framåt och gör dig till en mer stabil individ.

Låt stressen komma till dig.

Men äg hur du hanterar och förvaltar den extra energi du får i form av adrenalinet.

Adrenalinet är kroppens sätt att tillföra energi i en farlig situation.

Kom ihåg att vi har samma kroppar och samma hjärnhalvor som våra förfäder i grottorna hade.

Kroppen uppfattar utomstående händelser som fara.

Och agerar efter det.

Du som modern människa har förmågan att förstå det.

Det är den väsentliga skillnaden.

Gör det.

Behåll ditt lugn. Tänk klart.

34.

Säg nej, utan att ursäkta dig.

Att säga nej är din rättighet, och även din skyldighet i många lägen.

Det är naturligt att säga nej med en ursäkt, t ex "jag kan inte just nu för att xxx".

Men ibland så tycker jag du ska säga nej utan anledning.

Den eller de andra behöver inte veta vad du prioriterar i stället.

För du gör ju en prioritering när du säger nej.

Du har ingen skyldighet att berätta allting för någon annan.

Säg nej men gör det inte arrogant.

Säg t ex "nej, det passar inget bra just nu", eller "nej, jag tycker inte att ert erbjudande lierar med det jag letar efter".

Det gör dig starkare och du kommer också få mer respekt för det.

Att ständigt säga ja till allting gör dig inte starkare eller snällare som person.

Det gör dig bara tröttare och mer besviken. Besviken över att inte kunna säga nej.

Så säg nej. Men gör det med stil.

Det räcker med ordet NEJ.

Ok?

35.

Håll ut. De bästa sakerna sker oväntat.

Allt kommer till dig inom tid.

Var fokuserad på det du tar dig an och var konsekvent och konsistent.

Det du vill uppnå kommer komma till dig i någon form.

När du som minst tror att det ska ske.

Träna.

Öva och börja om igen.

Gör det som är svårt först.

Då blir det som är omöjligt, enklare.

För då har du byggt på med självförtroende.

Du kanske tänker att det är svårt att göra så.

Nej, det är enklare än du tror att anta en utmaning som du på förhand känner att du inte kommer klara.

Desto mer du klarar, desto mer vill du ta dig an.

Ju mer vill du utmana dig själv.

Då kommer de bästa sakerna till dig.

Håll ut. Håll i.

36.

Gör det du anser vara bäst för dig själv utan att känna skuld.

För att du långsiktigt ska må bra behöver du göra det som du tycker är viktigt.

Det som faktiskt ger dig något tillbaka.

Saker som gör att du mår bra.

Att du blir du.

Men som alltid, var snäll.

Känn ingen skuld för att du gör det som är bra för dig.

För då kan du vara i ditt rätta element.

Då kan du också hjälpa andra eftersom du har energin till det.

Din sömn blir bättre.

Dina relationer blir bättre.

Du blir bättre.

Så gör det som du anser vara bäst för dig själv.

37.

Var noggrann när du väljer dina vänner. Du blir bättre om du omger dig med människor som är bättre än du.

Det här är mycket viktigare än du kanske tror.

Din omgivning påverkar dig mer än du anar.

Om du omger dig med personer som alltid säger nej.

Då kommer du inte prova nya saker.

Du kommer inte vara öppen för nya idéer.

Du kommer inte utvecklas.

Du kommer sluta leva.

Om du i stället omger dig med personer som säger ja ofta.

Som vill lära sig. Som vill prova nya saker. Som vill utvecklas.

Då kommer du utvecklas.

Då kommer du fortsätta lära dig och prova nya saker.

Du kommer fortsätta leva och leva ett rikare liv.

Ett liv rikt på upplevelser och bekantskaper.

Kanske också ett liv med mer monetär rikedom.

Så vilka vänner vill du omge dig med?

Var noggrann med ditt val.

38.

Lita på processen. Ju hårdare du arbetar, desto mer framgång får du.
(Lånad)

Det här låter som en klyscha och som du säkert redan har både hört och läst. Kanske hört det på en föreläsning.

Men, inte mindre sant för det.

Det tar tid att bli bra på något. Det tar tid att få det erkännandet som du förtjänar när du är bra på något.

10 000 timmar är ett uttryck som används för att illustrera hur lång tid det tar att bli bra på något.

Viss överdrift men inte helt.

Om du hittar det du tycker är roligt.

Och får jobba med det.

Då jobbar du hårdare utan att du tänker på det.

Men kom ihåg att förstå vad framgång är för dig.

Det kan vara 5 miljoner på bankkontot.

Det kan vara makten att själv bestämma över din tid.

Det kan också vara något annat.

Det vet bara du.

Jobbar du hårt för något, då kommer din belöning i någon form.

39.

Förlåt. Förstå. Men var inte dum mot dig själv.

Ja, förlåt andra för det de gjort.

Försök förstå varför de gjorde det de gjorde.

Men glöm inte dig själv i det.

Stå upp för dig själv.

Även när någon beter sig illa mot dig. Eller någon annat.

Din styrka blir starkare när du förstår och förlåter.

Den blir svagare när du är dum mot dig själv.

Var inte dum. Var medmänsklig.

Att förstå och förlåta betyder att du visar din storhet.

Din styrka.

Det visar vilken typ av person du är.

Och vill vara.

40.

Säg inte kanske. Säg hellre nej. Om du vill säga nej.

Ingen mår bättre av att du velar. Eller säger ja för att vara snäll.

Du kan inte göra allting, hela tiden, överallt.

Säga nej gör att du värderar dig själv.

Det som är viktigt för dig.

Jobbar du som konsult och egen företagare - säg då nej till uppdrag som inte känns bra.

Även om det innebär att du missar en bra ersättning.

Fokuserar du på det du värderar så blir jobbet enklare.

Mer betydelsefullt.

Mer innehållsrikt.

Jag har alltid sagt ja.

Tills jag började säga nej.

Och fick mer tid över.

Inte mindre pengar.

Mer välmående. Bättre sömn. Gladare sinne.

Vägen dit var brokig.

Jag brände många broar.

Förstörde många relationer.

Jag är ledsen för det. Och förlåter mig själv för det.

Gör det du med.

Förlåt dig själv.

Säg nej för att säga ja.

Säg inte kanske.

41.

Värdera dig själv högt. Först då kan du stå emot de inre känslor av tvivel som vill bryta ner dig.

Tvivel kan vara människans största fiende.

Att motarbeta sig själv är bästa försvaret för att motverka förändring, det otrygga.

Bygg upp dig själv genom att göra saker för dig själv som du trivs med.

Då blir du starkare, tryggare och står stabilare när det behövs.

För när saker händer så kommer tvivlet vilja ta tag i dig.

Så är det för alla.

Men du kan stå emot ditt eget motstånd.

Stå emot tvivlet.

Dina egna inre känslor som vill jobba mot dig.
Du växer då.

Högt, snabbt. Mycket.

Men som alltid, kom ihåg att vara snäll.

42.

Låt inte en framgång stiga dig åt huvudet.

Du ska känna dig stolt när du lyckas med dina utmaningar.

Du ska fira.

Du ska känna att du vann. Att du är bäst.

Men bli inte arrogant.

Eller kaxig.

Den störste är den som når framgång.

Men som minns vägen dit.

Minns de som höll upp dörrar.

Krattade vägen.

Klappade dig på axeln när du behövde det.

De som inte svek dig.

Minns det.

Njut av framgången.

Men behandla inte andra som mindre värda.

Hade andra behandlat dig så, hade du aldrig nått fram.

Personer som nått sin framgång har varit omgivna av personer som värderat dem.

Som pushat och stöttat.

Ge tillbaka.

43.

Låt inte ett misslyckande grabbatag om ditt hjärta.

Precis om att du inte bör låta din framgång stiga dig åt huvudet.

Så bör du inte låta ett misslyckande förstöra dig.

Låt det inte få tag om dig.

Få dig att tvivla på dig själv.

Stanna i stället upp.

Tänk, vad hände?

Hur kan jag lära mig av detta?

Vad var det som inte gick bra?

Att skifta fokus från det som var negativt till att i stället se varför resultatet blev som det blev leder dig framåt.

Det hjälper dig att förstå.

Att hantera det som hänt utan att bli negativt påverkad.

Det bygger dig starkare för nästa nederlag.

För det kommer igen. Och igen.

Förstår du vad som inträffat så förstår du vad du kan göra annorlunda.

För att nästa gång njuta av framgången.

44.

Ge, men sätt gränser.

Ger du, mår du bra.

Ge mer.

Men vet när du ska sluta.

För de som tar från dig, slutar inte förrän det är tomt.

Du kan inte ge allt utan att bli dränerad, trött.

Sätt gränser. Sätt mål.

Ska du hjälpa någon sätt då mål tillsammans.

Vad ska ni uppnå?

Varför hjälper du den andre?

Sätt inte mål av girighet utan av kärlek till den andre.

För att du vill ju hjälpa den andre till att nå fram, eller hur?

Sätt målen och tillsammans utforma vägen fram.

Då lägger du även fokuset på det som ska göras.

Inte hur det ska göras.

Men var tydlig med dina gränser.

Du kan inte göra allting för någon annan.

Du orkar du inte med dig själv.

Sätt gränser.

45.

Ta emot kritik. Men acceptera aldrig brist på respekt.

Kritik är bra.

Kan du hantera det så är det faktiskt det bästa bränslet för att du ska utvecklas.

Men ta inte emot det som i stället är respektlöshet.

Du känner igen det på att någon är direkt oförskämd mot dig.

Elak.

Vuxenmobbning.

Var tydlig med det.

Men bli inte arg.

Var stark och förstå att den personen som inte ser skillnad på att ge värdefull kritik och feedback, med respektlöshet inte är du.

Det är den andre som har sina egna utmaningar.

Som tar chansen att kasta över det på dig.

Lär dig ta emot kritik.

Men se till att få det vid ett tillfälle när du är öppen för det.

När du är beredd på att det kan komma negativa saker som kan påverka dig.

Så ta emot kritik men säg nej till det man kallar för "disrespect."

46.

När du känner dig arg. Var tyst.

Alla blir arga. Även jag.

Alla har agerat i affekt någon gång.

Skrikit, bråkat och förvärrat situationen.

Men gör inte det.

Var tyst.

Förstå situationen. Det som sker.

För det är inte du.

Det är inte helt säkert att det är den andre.

Saker händer. Var beredd.

Bli arg.

Sätt gränser.

Men skrik inte. Var tyst.

Då ses du som mer intelligent.

Som mer erfaren.

Det är bättre.

Skrik ut din frustration när ingen hör dig.

Ut och spring en löprunda.

47.

Du har egentligen tre val. Betrakta saker som händer, se till så att saker händer och undra vad som hände.

Du väljer faktiskt helt själv.

Hur du vill hantera saker.

Antingen skyller du på någon annan och undrar varför det blev som det blev.

T ex, skyller på röda dagar i kalendern som anledningen till att ingen vill köpa dina saker, eller boka ett möte med dig.

Eller skyller på att "alla är dumma i huvudet".

Eller på att det "var han som gjord det, inte jag".

Eller så kan du analysera det som händer.

För att till slut agera och ta ansvar för situationen.

Och lösa den.

Att till slut kliva fram och bli den som visar vägen i stället för att peka finger åt andra.

Valet är enkelt.

Men genomförandet är svårt.

Så bestäm dig.

Du väljer faktiskt helt själv. Ingen annan.

48.

Du blir granskad i allt du gör. Oavsett vad. Så välj i stället vem du vill vara.

Oavsett vad du tar dig för i livet så kommer du bli bedömd.

Betraktad.

Betygsatt.

Ifrågasatt.

Kanske hyllad.

Prisad.

Inbjuden.

Bestäm dig för vad du vill få ut av det du gör.

Stäng de andra dörrarna.

49.

Om du vill bli förstådd, respekterad. Var då ärlig.

Det är mer troligt att andra kommer förstå dig och respektera dig om du är ärlig.

Säg som det är.

Var rak och transparent.

Kan den andre personen inte hantera det så är det inte ditt fel.

Men var snäll.

De flesta kommer förstå dig.

Respektera dig och dina kompetenser.

Att lyssna på dig.

För de vet att du säger vad du tycker.

Även om det är negativt för dig.

Om det gör lite ont.

Du blir en bättre teamspelare då.

En som fokuserar på resultatet.

Inte din egen vinning.

50.

Träng bort och glöm det som gjorde dig illa. Men kom alltid ihåg vad det lärde dig.

Att lära är att leva.

Det är också att utvecklas.

Saker händer alla.

Ingen har en enkel väg genom livet.

Men det som gör dig illa behöver inte påverka din person.

Ditt du.

Låt det komma över dig. Men låt det stanna utanför din själ.

Ditt du behöver inte fler saker att brottas med.

Det behöver att du lär dig av det som hänt.

Så att du kan gå vidare. Starkare.

Träng bort det som gör dig illa.

Men minns vad du lärt dig.

51.

Vart du ska, är viktigare än att snabbt ta dig dit.

Ditt mål är viktigt.

Resan dit är minst lika viktig.

Men i de flesta fall är det inte viktigt hur lång tid det tar.

Går det för fort blir det inte bra för dig.

Låt det ta tid.

På vägen och under tiden når du saker som tar dig framåt.

Gör dig starkare på vägen fram mot ditt mål.

När du väl når fram, så är vinsten större.

För du har kämpat. Krigat.

Och du är värd det då. Så värd det.

Kom ihåg - vart du ska är viktigare.

52.

Kontrollera dina tanker. Annars kommer de kontrollera dig till slut.

Dina tankar styr hur du agerar och tänker.

De styr hur du uppfattas, hur andra ser på dig.

De styr också resultatet av det du gör.

Hur vill du att det ska bli?

Att inte låta sig påverkas av andras synsätt om dig är viktigt. Men svårt.

Men de kontrollerar också hur dina egna, inre tankar utformas och påverkar dig.

Så genom att förstå vad som påverkar dina tankar.

Så förstår du vad som påverkar dig.

Gör något åt det sedan.

T ex att inte låta andras negativa syn på dig påverka dig.

Bestäm själv hur dina tankar ska utformas och tas om hand.

Kontrollera dina tanker, äg dem.

53.

Du lär dig inte något om du hela tiden tror att du har rätt.

Att tro att du vet bäst ger dig inget.

Hur ska du kunna vara öppen för nya idéer om du hela tiden anser att du har rätt?

Att du har svaren.

Hur ska du kunna lära dig nya saker?

Lyssna och försök förstå det som kan ge dig nya insikter och lärdomar.

Att dela insikter med varandra och diskutera utvecklar er och dig.

Därför säger jag hela tiden att vi ska jobba i team för att nå målen.

Då lär vi oss mest.

Att dela och sprida kunskap.

Inte genom stängda rum. Eller höga murar.

Dela, berätta och lär av varandra.

Men kom ihåg att du ibland har rätt.

54.

Sträck på dig. Du tog dig ju igenom de där dagarna när allt kändes hopplöst.

Ibland har vi bara inte orken.

Till att vara trevliga, glada och stöttande.

Men kom då ihåg de dagar när du kände att allting bara var över.

När ingenting kunde få dig på bättre humör.

Du vet när du fick beskedet om att företaget du jobbade på skulle lägga ner.

Samma dag som när du skulle starta din bil på eftermiddagen, och den plötsligt inte startade.

10 mil hemifrån, 10 mil från förskolan.

1,5 timme innan förskolan stänger.

Du löste ju det också, eller hur?

Dagar när jag känner att allt bara är "kaos".

Då går jag ifrån en stund.

Tittar i spegeln.

Minns.

Ler.

Det här har ingen betydelse för dig imorgon.

Så släpp det nu.

Sträck på dig.

Ta dig igenom även detta, vad det nu är.

Det löser sig.

55.

Du kan inte ändra det som varit eller hur något började. Fokusera i stället på att få det slut du själv vill ha.

Saker händer, så är det.

Hur det händer och varför, är oviktigt.

Hur du hanterar det och hur det slutar, är det som är det primära.

I alla dina utmaningar.

Tänk i stället på hur du skulle vilja få det, av det som händer.

Tänk på hur du vill dra nytta av det, lära dig och komma ut starkare av det.

Lär dig.

Lugna dig.

Stärk dig.

Bestäm din egen resa framåt i livet.

Bestäm dig för hur du vill hantera saker.

För att kunna påverka hur slutet ska bli.

56.

Stäng inga dörrar innan du öppnar nästa.

Gör inte det.

Var snäll mot dig själv.

Det är frestande ibland att bara be någon eller något dra åt helvete.

Det vill vi alla.

Men tänk efter innan du agerar.

Innan du svarar.

Innan du skriver det där sms:et.

Fundera på varför personen gör det den gör eller varför det som sker, sker.

Försök alltid ha en väg ut.

Oavsett hur den ser ut.

En plan B.

Du vet, en flyktväg.

Det hjälper dig vidare.

Men stäng inga dörrar innan du öppnar nästa.

57.

Lägg inte din tid på att hata andra.

Du har, i sammanhanget, en kort tid på dig.

En kort tid på jorden.

Vill du verkligen spendera den genom att hata, på konflikter, aggressioner och att förstöra för dig själv och andra?

Det finns ingen anledning för dig att välja den enkla vägen.

Alltså den där du stänger ute andra.

Det som är jobbigt.

Ta tag i det.

Men låt inte känslorna styra dig mot hat.

Det hjälper dig inte.

Inte nu och inte imorgon.

Säg i stället nej till saker som inte hjälper dig.

Men gör det utan hat.

Minns att andra människor gör ont på grund av avsaknad av insikter.

För att de inte vet. För att de är otrygga.

Vill du hata en person som inte förstår sig själv?

Nej, tänkte väl det.

Lägg inte din tid på att hata.

58.

De mörkaste, de mest tyngande händelserna kan vara det bästa som hänt dig.

Dessa stärker dig.

För du tar dig igenom det.

Du vet det bara inte ännu.

Tänk på att ta EN action.

Det räcker.

Får du sparken från jobbet - ja, börja då söka nytt via Linkedin.

Vägrar bilen starta när du som mest behöver den? Ja, ring efter hjälp och meddela de du skulle träffa vad som skett.

Skilsmässa? Ja, det kommer vara det bästa som hänt dig.

Stå bara stark.

Titta dig själv i spegeln och var stolt.

Möt det.

Möt dina rädslor.

Ta emot lösningen.

Och lär dig. Gå vidare.

Du kommer tycka att det var det bästa som hänt dig.

När du är igenom det.

59.

Om du inte frågar, kommer du heller inte få något.

Hur ska någon annan veta vad du vill och vad du vill ha?

Om du inte berättar för din chef att du skulle vilja gå den där utbildningen.

Du vet, den du sett att företaget kan sponsra.

Hur ska hen då veta att du vill utvecklas?

Berätta för din partner vad du skulle vilja att ni gör tillsammans.

Vart ni borde åka på semester.

Berätta för dig själv vad du vill.

Frågar du så är du nyfiken.

Är du nyfiken får du veta mer.

Vet du mer så blir du intressant.

Är du intressant så får du ett rikare socialt liv.

Möjlighet att själv bestämma över fler saker i ditt liv.

Så fråga. Och du får.

60.

Om de inte uppskattar dig. Tycker du då att de förtjänar dig?

Tänk efter.

Vill du ge din tid till någon eller några som egentligen inte vill det?

Du gör dig bara en otjänst i det läget.

Tar man dig för givet så värderar man inte dig.

Du märker det.

På t ex att man avbryter dig.

Att dina ord och idéer inte är välkomna.

Du vet den där "hemliga alliansen" på jobbet.

Som du då desperat försöker ta dig in i.

För du tror att det blir bra då.

Men det blir det inte.

Det är inte värt din tid.

Tar man inte emot dig är man inte värd dig.

Värdera dig själv.

Byt miljö.

61.

Håll inte fast vid det dåliga.

Det som dränerar dig på energi, varför låter du det fortsätta?

Det som håller dig sömnlös.

Det ger dig ingenting. Det tar.

Den energi du har kommer du behöva till annat.

Till att vara en bra mamma eller pappa, eller båda.

Till att sköta ditt jobb.

Till att vara en pålitlig vän.

Till att vara en inkluderande chef.

En som bryr sig.

Släpp det dåliga.

62.

Stress är tillfälligt. Det du kan lära dig av det, finns kvar så länge du vill.

Alla upplever stress ibland.

På olika sätt.

Av olika anledningar.

Med olika resultat.

Det du ska veta om det är att det kommer gå över.

Du behöver bara förstå det.

Veta hur det fungerar.

Varför det är där.

Kan du förstå dig själv och hur du påverkas av olika saker.

Då kan du hantera stressen som kommer till dig.

Och se till så den blir där så kort tid som möjligt.

Det är bara tillfälligt.

63.

Är du trygg och lugn, så tänker du klart och tar kloka beslut.

Att stå stadig är viktigt.

Då kan du ta välgrundade beslut.

Som du är nöjd med.

Som du inte gör i affekt.

Att vara trygg innebär att du vet vem du är.
Vad du står för.

Vad som är viktigt för dig.

Varför du vill göra det du vill göra.

Att behålla sitt lugn i en utsatt situation kan vara en avgörande skillnad.

Som kan innebära en vändning för dig.

Den du har väntat på och vill ha.

Det följer också med en stor del respekt.

För dig, för du vet vad du säger.

Så en nyckel för dig att komma dit du vill är att du är lugn, trygg.

Var lugn. Stå stadigt. Agera tryggt.

64.

Innan du talar, tänk.

Tänk efter innan du pratar.

Tänk det här om det du ska säga;

Är detta sant?

Ar detta hjälpsamt för mottagaren (och mig)?

Ar detta något som inspirerar, coachar och hjälper?

Ar detta nödvändigt för mottagaren att höra, eller kan personen vara utan det?

Kommer jag uppfattas som elakt?

Ibland är det som talesättet, det du vet - tala är silver och tiga är guld.

Tig när du behöver det.

Tänk efter jämt.

För det stärker dig, det lär dig, det gynnar dig.

Tala sen.

Sen när du vet och har svaret på om det är sant, hjälpsamt, inspirerande, nödvändigt och snällt.

Tig annars.

Så innan du talar, tänk.

Ok?

65.

Den ende som vet om dina drömmar och det du hoppas på är du. Den ende som kommer se till så dessa blir verklighet är du.

Det är bara du som verkligen vet om dina drömmar.

Den ende som verkligen bryr sig om dem.

Det räcker för dig att det är så.

För det är bara du som kan se till så dessa blir till en verklighet för dig.

Men, du bör dela vissa tankar och idéer med någon som du vet inte kommer dra nytta av det.

Var försiktig och vaksam.

För som du redan vet, så är det många som inte vill att dina drömmar ska slå in.

Som hellre ser dig misslyckas gång på gång.

Kom ihåg att det bara är du som kan se till så dina drömmar slår in.

Att det du hoppas på blir verklighet.

Det är bara du som kan ta de stegen som krävs för att nå målen.

Andra kan bidra om du väljer rätt personer.

66.

Lär dig hantera dina känslor. Förstå vilka som är tillfälliga. Och använd inte dessa för stora beslut.

Tillfälliga känslor kommer över dig varje dag.

Dessa måste du kunna urskilja.

Ta inga stora beslut baserat på tillfälliga känslor.

När du får en tillfällig känsla, vare sig det är agg, lycka eller tvivel.

Fråga dig om detta är rimligt.

Kan detta stämma?

Varför känner jag så här?

Då ser du vilka känslor och tankar som är tillfälliga.

Som skulle kunna förstöra för dig.

Skulle du ta fel beslut som är baserat på en tillfällig känsla.

Kan det få stora konsekvenser.

Som inte är bra.

Men blanda inte ihop detta med att lita på magkänslan.

Magkänslan är ibland din bästa vän.

En del av livet är att lära sig hantera känslor och saker som händer.

Så förstå vilka känslor som är tillfälliga.

Och vilka som är bestående.

Lär dig hantera dina känslor.

67.

För att bli den bästa du, måste du kunna hantera det dåliga du.

Ska du kunna vara den bästa av dina olika sidor behöver du veta vilka sidor som är dina dåliga.

Du behöver kunna hantera dåliga saker på ett bra sätt.

Ditt dåliga du kan bara bli bättre då.

Om du vet och kan agera i lugn. I trygghet.

Att vara ditt bästa jag vet bara du vad det innebär.

Ditt bästa jag är inte detsamma som någon annans bästa jag.

Det sitter i var och en att veta det.

Att hantera det på ett bra sätt.

Alla har ett dåligt du. Alla vet inte om det. Än.

Att förstå ditt dåliga du är en nyckel till en bättre utväxling på ditt liv.

Ditt bästa jag är ditt dåligas kusin.

Dess halvbror.

Spegelbild. Motsats.

Men också oskiljaktiga.

Du behöver ditt dåliga du.

Låt det bara inte vinna över dig.

Det är först då du blir ditt bästa du.

68.

Lever du? Ja, då var det inte så farligt.

Så länge du lever.

Kommer saker träffa dig.

Du vet, när "the shit hits the fan".

Men du tog dig ut levande, eller hur?

Så, hur farligt var det egentligen?

Det som hände. Det stärkte dig.

Utan att du vet det.

Det kommer ha gett dig en ny styrka. Om än omedveten.

För du vann. Eller gick i alla fall genom det.

Utan att förlora ditt värdefullaste. Ditt liv.

Vi föds in i livet utan något. Vi lämnar livet med mycket.

Det är lärdomar som hjälper dig.

Som stärker dig.

Som guidar dig. Som hjälper dig.

Det är mörkt.

Men, lever du.

Så var det inte så farligt.

69.

Ångra ingen dag i livet. Bra dagar ger dig glädje och lycka, dåliga dagar ger dig erfarenheter, de sämsta dagarna ger dig lärdomar. De bästa dagarna ger dig minnen,

Att ångra är att vara fast i det som varit.

Det som håller dig kvar, som inte låter dig utvecklas.

Ta det till dig.

Känn de bra dagarna.

De som får dig att känna lycka och kärlek.

Förstå de dåliga dagarna.

De som ger dig erfarenheterna, som lär dig. Som utvecklar dig.

De bästa dagarna är de som ger dig minnen.

Oavsett vilket minne det är.

De dagarna är de som senare i livet har betydelse för dig på något sätt.

Minnen.

70.

Lyssna inte på omgivningens råd. De flesta där ute har faktiskt ingen aning om vad de håller på med.

Det finns inget svar.

Ingen karta för dig att följa.

De som förespråkar att du ska göra si eller så.

Har oftast ingen koll på vad de pratar om.

För de skriker högst. Och syns därför.

Men det är inte de som har svaret till vad du ska göra.

Det har bara du.

Och de som redan varit där du är.

De som redan har de erfarenheter du kommer få.

De tysta har svaret. Lyssna på de.

Inte på de som ger dig råd utan att du frågat efter det.

För de vet inte vad de håller på med.

Lyssna på dig själv.

71.

Gör det normalt för dig att gå vissa vägar ensam. För dina mål är dina.

Att gå ensam ibland mot vissa mål är ren styrka.

Det stärker dig även.

Dina mål är ju dina.

Någon annan kan inte veta hur du ska ta dig framåt mot målet.

Din väg.

Din framtid.

Dina mål.

Gå den. Krama om dina mål.

Nå dina mål.

Att göra saker på egen hand stärker din disciplin, din målmedvetenhet och din karaktär.

Det visar att du är en person att lita på.

En person som står stadigt.

Som inte kräver att andra gör saker åt dig.

Så gör det normalt att gå dina vägar ensam fram mot ditt mål.

72.

Den familj du skapar och bygger själv i ditt liv, betyder mer än den du kommer från.

Du kan inte välja var du kommer ifrån.

Du kan välja vad du vill ha idag.

Imorgon.

Senare.

Hur du vill ha det. Det är ditt val.

Låt inte din bakgrund definiera ditt framtida jag.

Låt det inte styra hur din egen familj, den du skapat, blir och är.

Du och dina viljor ska definiera dig.

Inte din historik. Eller ditt arv.

Behöver du bryta upp.

Gör det.

Behöver du stänga den dörren. Gör det

Men stäng inte dörren för den familj du själv skapat.

Det är din. Och de dina.

73.

Livet är kort, lev det. Kärleken är sällsynt, fånga in den.

Livet är givet dig.

Kärleken är inte given.

Men ser du den, om du känner den.

Fånga den

Vårda den.

Var rädd om den.

Se den. Hör den. Lyssna på den.

Prata till den.

Prata tillsammans.

När livet närmar sig det ändliga slutet.

Vill du då minnas kärleken eller avsaknaden av den?

Det är ingen rättighet att kräva kärlek.

Du kan inte kräva det. Du får inte det.

Du får chansen att få den till dig.

Ta den chansen. Kräv den inte.

Fånga in den. Den är lika sällsynt som livet är kort.

74.

Ilska är dåligt. Släpp det.

Du kan välja att känna ilska.

Eller välja bort det.

Men inget gott kommer av ilska.

Inga rikedomar.

Ingen lycka.

Ta den känslan.

Förstå den men gör den inte till din.

Låt den flyga vidare. Ut, bort.

Ilskan går över.

Inte känslan som blir resultatet av ilskan.

Den består.

Vill du låta ilskan definiera dig och påverka andra i din omgivning.

Eller släppa det och lägga fokuset på annat?

Ilska är dåligt. Det finns inget gott som kommer av det.

Minns det.

Släpp det.

75.

Rädsla är något hemskt. Så därför ska du möta den och ta itu med den.

Det du är rädd för.

Stoppar dig. Hindrar dig.

Hämmar dig.

Det låter dig inte utvecklas. Vinna.

Rädsla är ett försvar mot det okända.

Men också en möjlighet.

Att utvecklas. Att vinna. Att nå dina mål.

Att vara rädd är att begränsa dig.

Nej, du ska inte åka till djungeln och kramas med ormar för att bli kvitt din ormrädsla.

Du bör i stället förstå vad som håller dig tillbaka i livet.

Varför du står stilla. Inte tar dig framåt.

När andra springer förbi dig.

Så. Förstå att du känner rädsla.

Men besegra den genom att inse, förstå, analysera och hitta lösningen.

Är du rädd för att bli ensam och därför är ensam?

Bjud in en person. Se att den inte kommer lämna dig.

Är du flygrädd - boka en flygresa med din vän.

Då överkommer du den.

Då blir du stark.

Då övervinner du rädslan.

76.

Minnen är fina. Ta vara på dem som dina viktigaste lärdomar.

Att minnas är att acceptera, älska och leva.

Acceptera det som varit för att kunna gå vidare.

Att älska eftersom du fick chansen.

Att elva eftersom du fick livet när du föddes.

Minnen finns för att du ska vara starkare.

Att du ska kunna vara tacksam och ödmjuk.

Att du ska vara din partners bästa vän.

Att minnas är också att leva.

Glädjen minns du med just glädje.

Du vet, de stunderna med dina barn du aldrig kommer glömma.

Alltid minnas.

Att minnas är kanske den finaste gåvan vi människor har fått.

Det ger oss kärlek, värme och glädje.

Det lär oss och stärker oss.

Förstå att dina minnen är fina. Och dina.

Och ta vara på dem som dina viktigaste lärdomar.

77.

Vet ditt värde. Det är bara du som bestämmer det.

I introduktionen gav jag exemplet med klockan och värdet på den.

Detsamma gäller för dig.

När du letar jobb, ta inte första bästa.

Du måste ju ha en inkomst, men du kan många gånger välja.

I dina relationer gäller samma sak.

Nöj dig inte med något för att det är ok.

För att det förväntas av dig att göra det.

Förstå vad ditt värde ligger.

Och nöj dig enbart med det.

Inte mindre.

78.

Var dig själv. Andra måste inte gilla dig, och du behöver faktiskt inte bry dig om det.

Jag slutar med denna. För den tror jag ger dig mest behållning.

Spring inte runt och tro/hoppas att alla ska gilla dig och gulla med dig.

Alla kommer inte gilla dig.

Vi människor har ett enormt behov av att kategorisera och katalogisera saker och människor. Du vet, placera i fack.

Experterna på det är de personer som är minst trygga i sig själva.

Tyvärr är det oftast också de personer som får mest utrymme.

Det blir enklare då. Men också mycket ensammare.

För vem trivs egentligen med att vara placerad i ett fack?

Som är bestämt av någon annan? Det brukar vara en bra grund för misslyckande.

De bästa ledarna är de som inte dömer på förhand.

De som bjuder in, accepterar och delar. De som låter dig komma till tals.

Låter dig få vara den du är.

Som inte behöver statuera exempel.

Som talar om för andra hur mycket de inte gillar dig.

Det är hårt. Det är orättvist och jäkligt illa.

Men det är där vi människor är.

Skrik högt och du tolkas som stark.

Jag säger tvärtom.

Var dig själv. Var du.

Och du blir den starkaste du känner.

Det här var och är mitt bidrag, mina insikter och en del av mina angreppssätt.

I livet, i arbetet, som vän och i rollen som pappa.

Vi är lika de flesta av oss. Vi har livet vi fick när vi föddes och vi äger också makten över det.

Makten att själva bestämma oss för hur vi vill hantera saker som sker.

Du äger alltså själv rätten och skyldigheten till saker i ditt liv. Hur du vill möta medmänniskor, hur du hanterar det förtroende du fick när du blev befordrad till chef, med personalansvar.

Hur du väljer att agera i din roll som HR-chef på företaget. Hur du väljer att agera när personen tränger sig före dig i kön, eller när den ensamme äldre mannen parkerar på familjeparkeringen vid ICA till synes utan vare sig barn eller familj med sig.

Låt detta bli en inspiration för dig. Ta med dig det i din vardag. Till jobbet, till diskussionen med din livspartner, till dialogen med dina vänner. Eller på löprundan.

Eller gör det inte. Du väljer.

Jag heter Magnus, en helt vanlig person i en helt vanlig stad med ett helt vanligt liv. Men med en lite annorlunda approach till livet och människor runt mig.

Låt livet leva dig. Leda dig.

Men äg din tid. Äg ditt eget välbefinnande. Ställ krav.

Men var snäll på vägen, ok?

Magnus G.

"En far låg i sängen på sjukhuset, vetandes att han nu låg där för att dö. Han sa till sin son innan han dog: Det här är en klocka som din farfar gav mig. Den är mer än 100 år gammal, men innan jag ger den till dig så vill jag att du går till första bästa urmakare. Säg att du vill sälja den, och se vilket pris du får.

Han gick och kom sedan tillbaka till sin far och sa: Urmakaren kommer att betala 5 dollar eftersom den är gammal. Fadern sa till sin son: Gå till kaféet, och gör samma sak. Han gick och kom sedan tillbaka och sa: Han kommer att betala 5 dollar pappa.

Nu vill jag att du går till museet och visar dem klockan. Han gick och kom sedan tillbaka och sa till sin far: De erbjöd mig en miljon dollar för den här klockan.

Fadern sade: Det jag vill förmedla till dig, min son, är att rätt plats värderar ditt värde på rätt sätt. Sätt inte dig själv på fel plats och bli arg om du gör det. Den som vet ditt värde är den som uppskattar dig - stanna inte kvar på en plats eller med människor som inte passar dig.

Vet ditt värde."

Okänt ursprung.